Impressum
Verlag: BABADADA GmbH, Nedderfeld 112 , 22529 Hamburg
Geschäftsführer / Verlagsleitung: Harald Hof
Druck: Books on Demand GmbH, In de Tarpen 42, 22848 Norderstedt

Imprint
Publisher: BABADADA GmbH, Nedderfeld 112 , 22529 Hamburg, Germany
Managing Director / Publishing direction: Harald Hof
Print: Books on Demand GmbH, In de Tarpen 42, 22848 Norderstedt, Germany

школа

ikigo c' amashure

класна кімната
ishure
ділити
kugabura
186/2
дошка
urubaho
шкільний двір
ikibuga c' ishure
вчитель
umwigisha
папір
urukaratasi
писати
kwandika
ручка
ikaramu
письмовий стіл
ameza yo kwandikirako
лінійка
agacamurongo
книга
igitabo
учень
umunyeshure

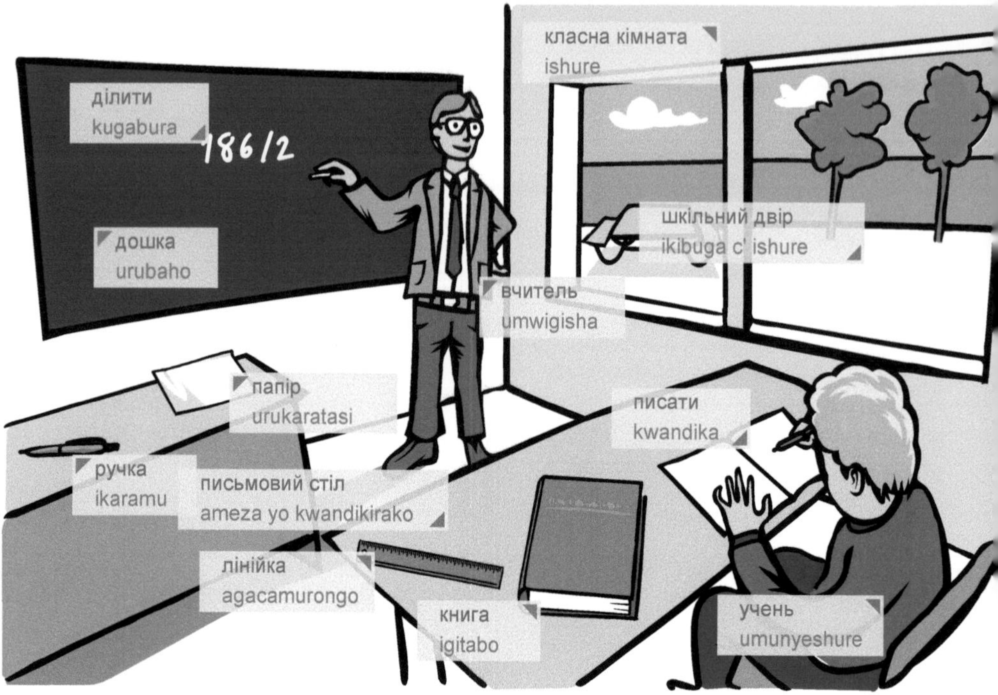

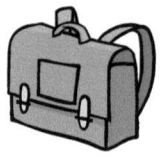

ранець

isakoshi y'' ishure

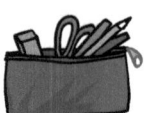

пенал

agasaho k' amakaramu

олівець

ikaramu y igiti

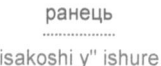

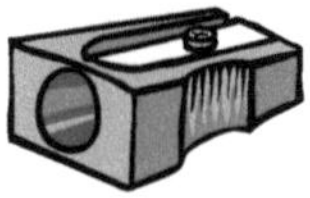

точило

agasongozo k ikaramu y igiti

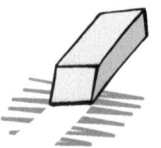

гумка

igome

альбом для малювання

ikaye yo gucapamwo

малюнок
igicapo

пензель
ikaramu bacapisha irangi

коробка фарб
agasandugu kamabara

ножиці
imikasi

клей
kore

зошит
ikaye y' imyimenyerezo

домашнє завдання
ɲyimenyerezo yo muhira

число
igiharuro

додавати
guteranya

віднімати
gukuramwo

множити
kugwiza

рахувати
guharura

літера
urudome

абетка
indome

слово
ijambo

текст

igisomwa

читати

gusoma

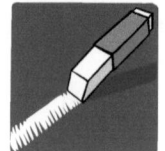

крейда

ingwa

година

icigwa

класний журнал

igitabo c' ishure

екзамен

ikibazo

диплом

impamyabushobozi

шкільна форма

impuzu y' ishure

освіта

kwiga

лексикон

kazinduzi

університет

kaminuza

мікроскоп

mikorosikopi

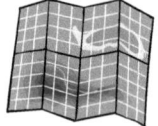

карта

ikarata

кошик для паперу

agaseke bajugunyamo
amakaratasi

подорож
urugendo

готель
ihoteli
Grand
турбаза
ihoteli ntoya
ROOMS
обмінний пункт
ku bavunjayi
CHANGE
валіза
isandugu
автомобіль
umuduga

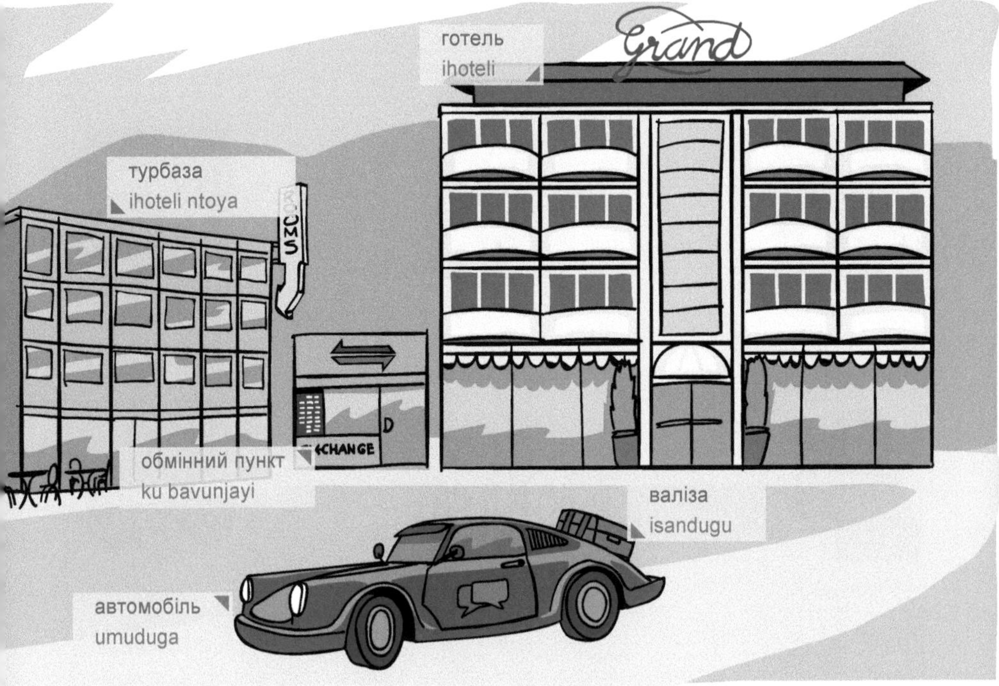

мова

ururimi

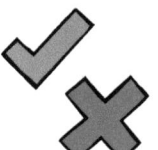

так / ні

ego / oya

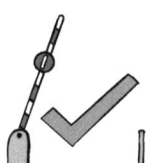

добре

ego

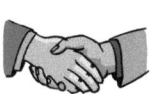

привіт

amahoro!

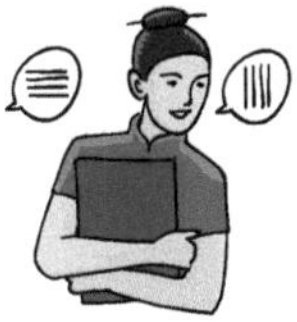

перекладач

umuntu asigura

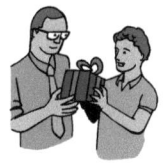

дякую

ndashimye

Скільки коштує ...?

ni angahe?

Я не розумію

sindabitahura

проблема

ingorane

Добрий вечір!

mwiriwe!

Доброго ранку!

mwaramutse

На добраніч!

ijoro ryiza!

До побачення

nakagaruka

напрямок

inzira

багаж

imizigo

сумка

igapo

рюкзак

isaho baheka mu mugongo

гість

umushitsi

кімната

icumba

спальний мішок

umufuko wo kuraramo mu rugendo

намет

ihema

туристична інформація
kumenyesha ingenzi

пляж
ku musenyi

кредитна картка
ikarata y' amahera

сніданок
funguro rya mugatondo

обід
ifunguro ryo ku murango

вечеря
ifunguro ry 'ijoro

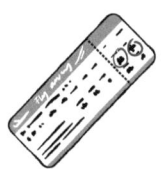

квиток
itike

ліфт
ingazi y' umuyagankuba

поштова марка
umukono

межа
umupaka

митниця
duwane

посольство
ubuserukizi bw' igihugu

віза
viza

паспорт
pasiporo

транспорт

gutwara abantu n' ibintu

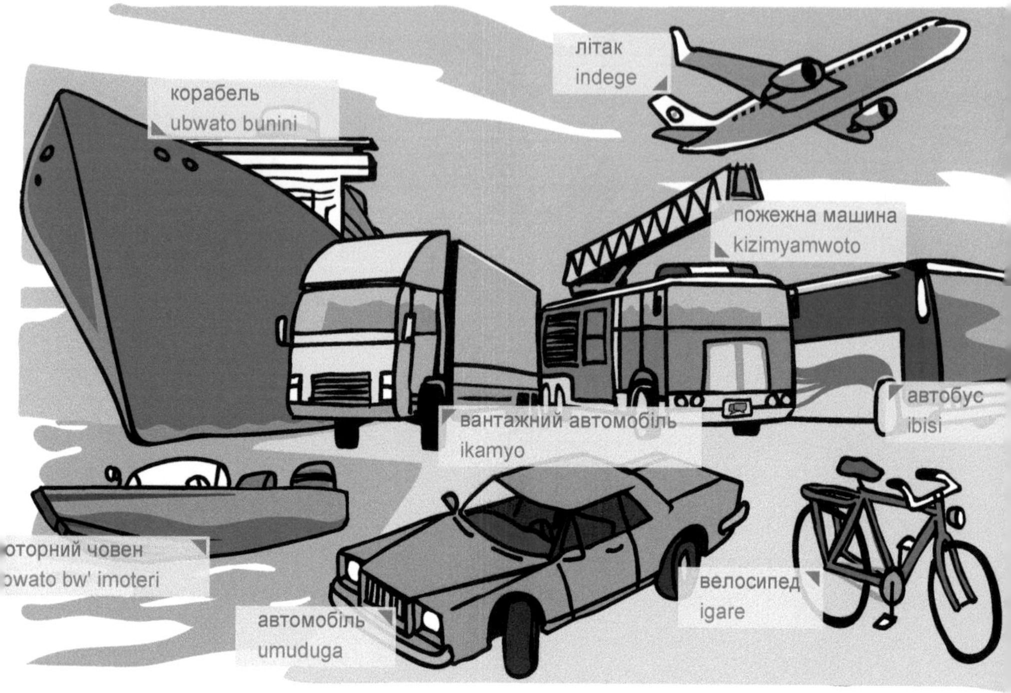

літак
indege
корабель
ubwato bunini
пожежна машина
kizimyamwoto
автобус
ibisi
вантажний автомобіль
ikamyo
оторний човен
owato bw' imoteri
велосипед
igare
автомобіль
umuduga

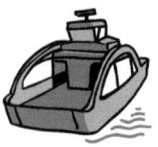

пором

ubwato bunini

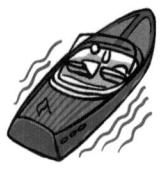

човен

ubwato

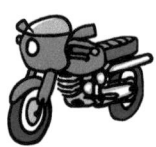

мотоцикл

ipikipiki

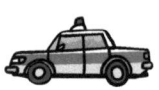

поліцейська машина

umuduga w' igipolisi

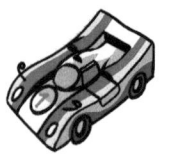

гоночний автомобіль

umuduga wa kuruse

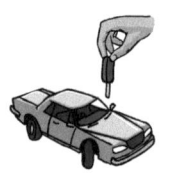

автомобіль на прокат

umuduga bakodesha

спільне користування авто

...koresha imodoka imwe muri benshi

евакуатор

uruduga ruheka izindi

сміттєвоз

umuduga utwara umucafu

двигун

imoteri

паливо

igitoro

автозаправна станція

ubunywero bw'ibitoro

дорожній знак

...ango vyo ku mabarabara

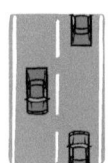

рух

uruja n' uruza

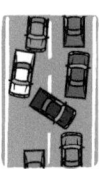

затор

akajagari k' imiduga mw' ibarabara

стоянка

igituro c' imiduga

вокзал

igituro ca gari ya moshi

рейки

ibarabara rya gari ya moshi

потяг

gari ya moshi

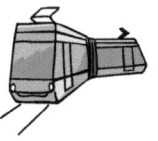

трамвай

gari ya moshi bita tram

вагон

igipande ca gari ya moshi

гелікоптер

kajugujugu

аеропорт

ikibuga c' indege

вежа

umunara

пасажир

ingenzi

контейнер

konteneri

коробка

ikarato

візок

isharete

кошик

icibo

стартувати / приземлятися

kuguruka / kugwa

місто

igisagara

село

umutumba

центр міста

hagati mu gisagara

дім

inzu

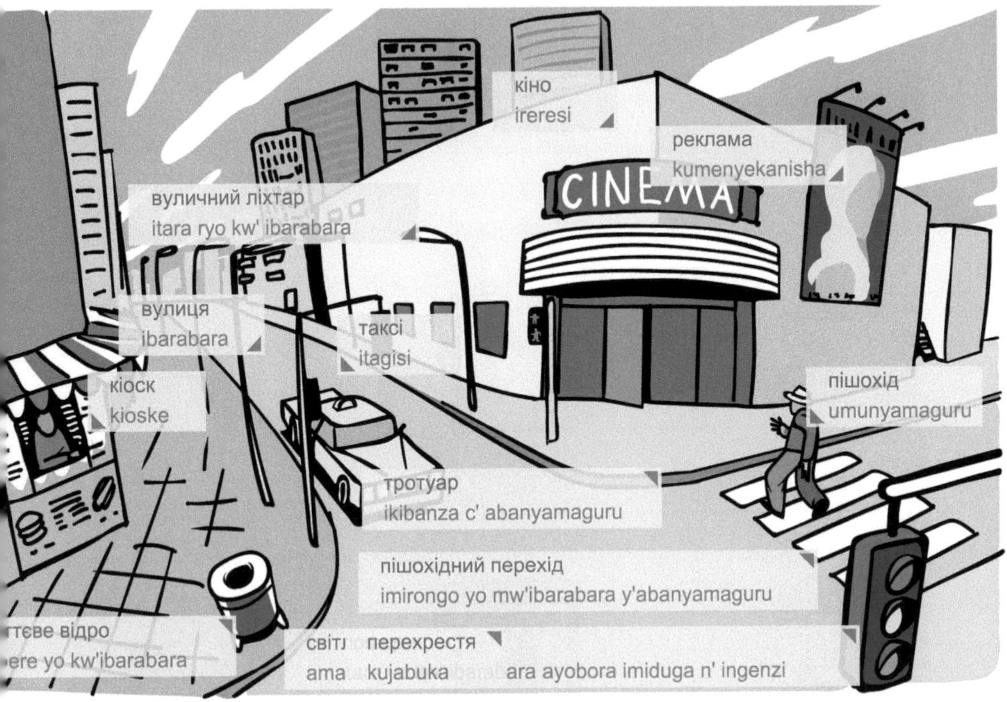

кіно
ireresi

реклама
kumenyekanisha

вуличний ліхтар
itara ryo kw' ibarabara

CINEMA

вулиця
ibarabara

таксі
itagisi

пішохід
umunyamaguru

кіоск
kioske

тротуар
ikibanza c' abanyamaguru

пішохідний перехід
imirongo yo mw'ibarabara y'abanyamaguru

севе відро
ere yo kw'ibarabara

світ перехрестя
ama kujabuka

ara ayobora imiduga n' ingenzi

хатина
akazu k' ikirundi

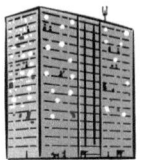

квартира
aparitema

вокзал
igituro ca gari ya moshi

ратуша
meri

музей
iratiro ry' ivyakera

школа
ikigo c' amashure

університет

kaminuza

банк

ibanki

лікарня

ibitaro

готель

ihoteli

аптека

farumasi

офіс

ibiro

книжковий магазин

aho badandaza ibitabo

магазин

akaduka

квітковий магазин

umudandaza w'amashugwe

супермаркет

supermarshe

ринок

isoko

універмаг

iduka

торговець рибою

umudandaza w' amafi

торговельний центр

ihuriro ry'amaduka

гавань

ikivuko

парк

kibanza batemberamwo

лава

intebe ndende

міст

ikiraro

сходи

ingazi

метро

gari ya moshi bita métro

тунель

ibarara ry' indani y' isi

автобусна зупинка

igituro c' amabisi

бар

ubunywero

ресторан

resitora

поштова скринька

ahaja amakete

вулична табличка

ikirango co kw' ibarabara

лічильник паркування

isaha yo ku gituro c' imiduga

зоопарк

iratiro ry' ibikoko

басейн

pisine

мечеть

umusigiti

ферма

ubwororero

забруднення навколишнього середовища

konona ibidukikije

кладовище

akaburi

церква

kw'isengero

дитячий майданчик

ikibuga

храм

inyubako za kera bita temple

ландшафт

imisozi

листок
ikibabi

вказівний стовп
ivyapa

шлях
inzira

луг
ubwatsi bita gazon

камінь
ibuye

дерево
igiti

мандрівник
umuntu atembera kure n' amaguru

річка
uruzi

трава
ubwatsi

квітка
ishugwe

долина
ikiyaya

гора
umusozi

озеро
ikiyaga

ліс
ishamba

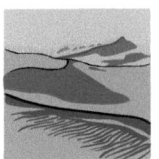

пустеля
ubugaragwa

вулкан
ikirunga

замок
ishato

веселка
umunywamazi

гриб
ikizinu

пальма
ikigazi

комар
umubu

муха
isazi

мурашка
urutozi

бджола
uruyuki

павук
igitangurigwa

жук

agakoko gato bita
coléoptère

жаба

igikere

вивірка

agakoko bita écureuil

їжак

ikinyogote

заєць

urukwavu

сова

igihuna

птах

inyoni

лебідь

imbata

кабан

ingurube y' ishamba

олень

idubu

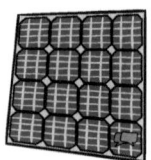

лось

igikoko bita élan

гребля

urugomero

вітряк

icuma gitanga
umuyagankuba

сонячний модуль

ikimuri c' imishwarara

клімат

igihe

ресторан

resitora

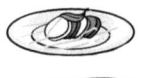

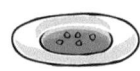

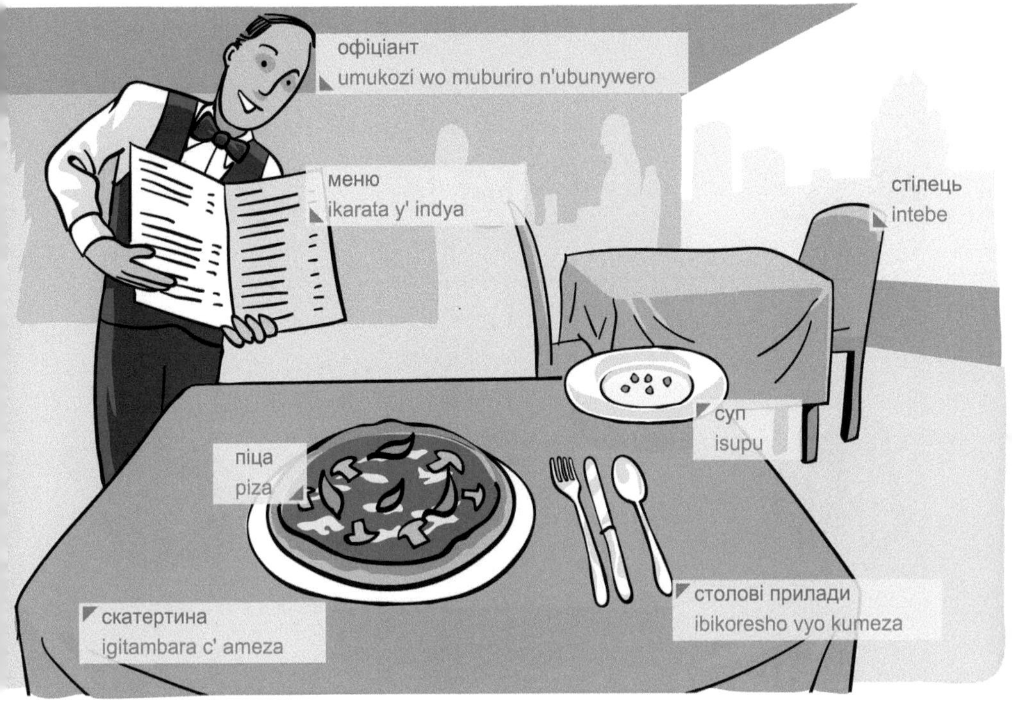
офіціант
umukozi wo muburiro n'ubunywero
меню
ikarata y' indya
стілець
intebe
суп
isupu
піца
piza
столові прилади
ibikoresho vyo kumeza
скатертина
igitambara c' ameza

закуска

indya y' ibanze

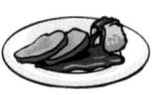

друга страва

indya nkuru

десерт

deseri

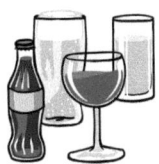

напої

inyobwa

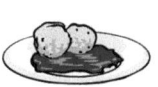

їжа

infungugwa

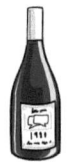

пляшка

icupa

фаст-фуд

infungugwa batekanye ingoga

вулична їжа

Infungugwa barya bagenda

чайник

ibirika y' icayi

цукорниця

agakopo k' isukari

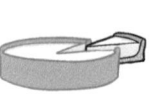

порція

igipande c' indya

еспресо-машина

imachini ikora espresso

високий стільчик

intebe ndende

рахунок

inyemazabuguzi

піднос

ako batwarako infungugwa

ніж

imbugita yo kumeza

вилка

ikanya

ложка

ikiyiko

чайна ложка

akayiko k' icayi

серветка

seriviyeti

склянка

ikirahuri

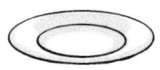

тарілка

isahani

тарілка для супу

isahani y' isupu

блюдце

isutasi

соус

isosi

солонка

akanyanyagiza umunyu ku ndya

млин для перцю

agasya ipiripiri

оцет

vinaigre

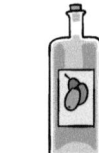

масло

amavuta

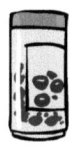

спеції

indyoshandya

кетчуп

kecapu

гірчиця

mutaride

майонез

mayoneze

супермаркет

supermarshe

пропозиція
ivyagabanyijwe igiciro
FOR
клієнт
umuguzi
молочні продукти
ibiva ku mata
фрукти
icamwa
візок для покупок
agakinga ko mw' iduka

BUTCHERS

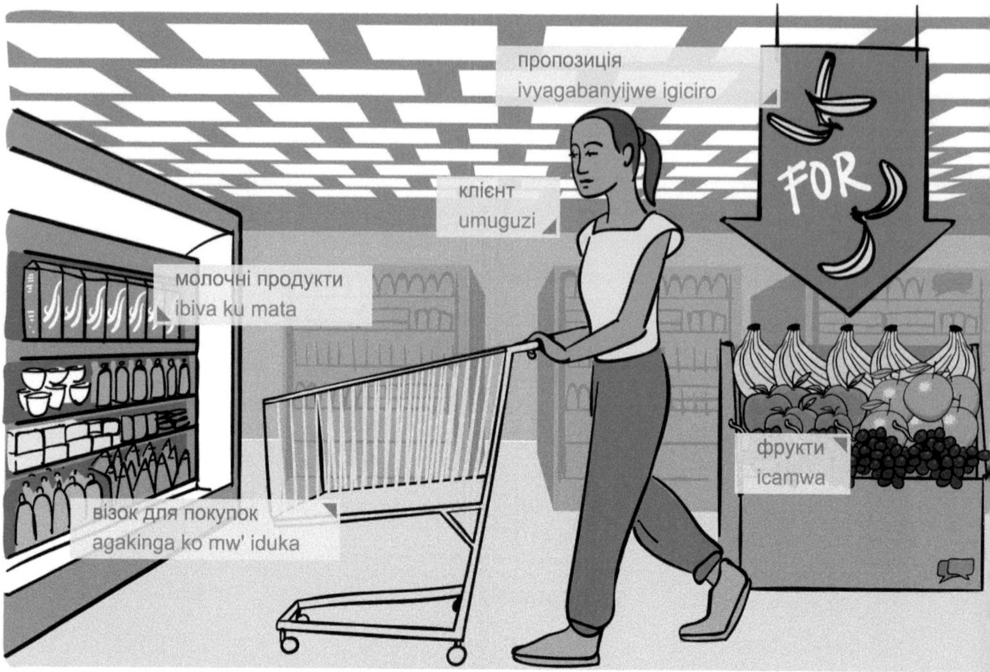

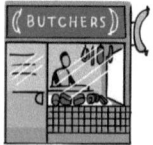

м'ясний магазин

amacuniro

BAKERY

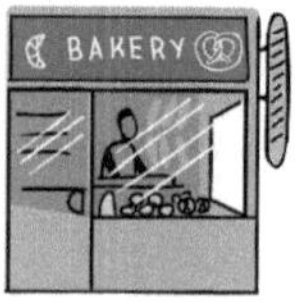

пекарня

iburangeri

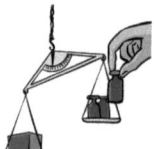

зважувати

gupima

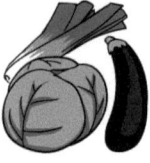

овочі

imboga

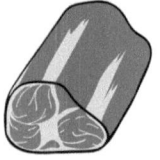

м'ясо

inyama

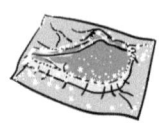

заморожені продукти

Imfungurwa zikanye cane

ковбасна нарізка

ngugwa bita charcuterie en tranches

консерви

amafunguro yo mu mabwate

пральний порошок

isabune yo kumesura

солодощі

ibisosa

предмети домашнього побуту

ibikoresho vyo muhira

мийний засіб

ibikoresho vy'isuku

продавщиця

umudandaza

каса

kese

касир

umuntu yakira amahera

список покупок

rutonde rw' ibidandazwa

часи роботи

amasaha yo kugurura

гаманець

ingodomoni

кредитна картка

ikarata y' amahera

сумка

isakoshe

поліетиленовий пакет

ishakoshe ya parastike

вода

amazi

сік

umutobe

молоко

amata

кола

koka

вино

umuvinyo

пиво

ikiyeri

алкоголь

inzoga

какао

kakao

чай

icayi

кава

ikawa

еспресо

ikawa yitwa espresso

капучіно

ikawa yitwa kapucino

банан

umuhwi

яблуко

ipome

апельсин

umucungwe

кавун

icamwa bita melon

лимон

indimu

морква

ikaroti

часник

igitungurusumu

бамбук

umugano

цибуля

igitunguru

гриб

ikizinu

горішки

ibiyoba

локшина

amakaroni

спагеті

spagetti

рис

umuceri

салат

isarade

картопля фрі

ifiriti

смажена картопля

ifiriti

піца

piza

гамбургер

hamburugere

бутерброд

sandwich

шніцель

infungugwa bita escalope

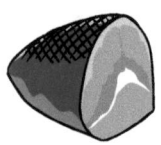

шинка

jambo

салямі

salami

ковбаса

isosiso

курка

inyama y' inkoko

печеня

umusoso

риба

ifi

вівсяні пластівці

fungugwa bita flocons d' avoine

мюслі

imfungugwa bita müsli

кукурудзяні пластівці

infungugwa bita corn - flakes

борошно

ifarini

круасан

umukate bita croissant

булочка

umukate muto

хліб

umukate

тостовий хліб

umukate bashusha

печиво

ibisuguti

масло

amavuta

сир

iforomaji yera

пиріг

igato

яйце

irigi

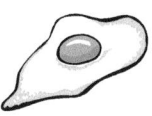

яєчня

amafunguro bita oeuf au plat

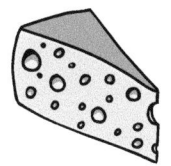

сир

iformaji

морозиво

infungugwa bita crème glacée

цукор

isukari

мед

ubuki

мармелад

ikonfitire

нуга-крем

imfungugwa bita praliné

карі

infungugwa bita curry

ферма

ubwororero

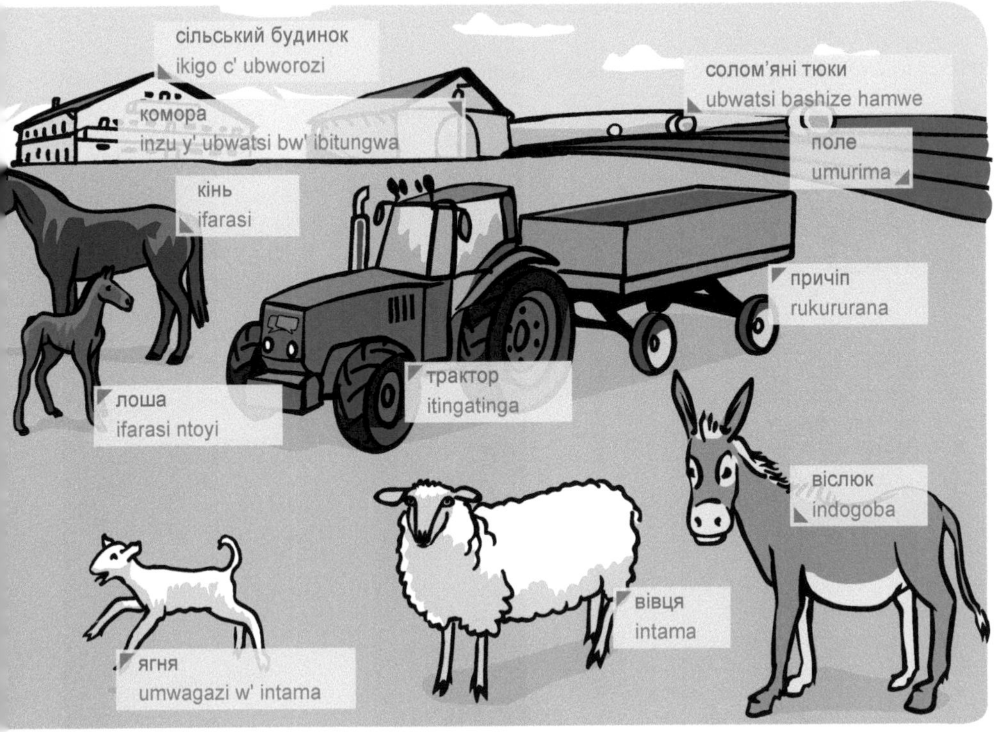
сільський будинок
ikigo c' ubworozi
комора
inzu y' ubwatsi bw' ibitungwa
солом'яні тюки
ubwatsi bashize hamwe
поле
umurima
кінь
ifarasi
причіп
rukururana
трактор
itingatinga
лоша
ifarasi ntoyi
віслюк
indogoba
вівця
intama
ягня
umwagazi w' intama

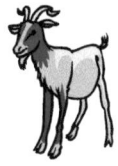

коза

impene

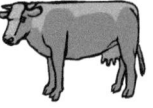

корова

inka

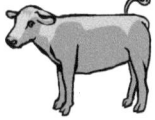

теля

inyana

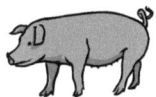

свиня

ingurube

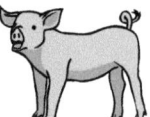

порося

ikibuguru

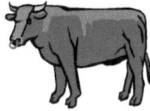

бик

impfizi

гусак

inyoni yitwa oie

качка

imbata

курча

umuswi

курка

inkokokazi

півень

isake

щур

imbeba nini

кіт

akayabu

миша

imbeba

віл

ishuri

собака

imbwa

собача будка

umusaka w'imbwa

садовий шланг

umuringoti wo kuvomerera umurima

лійка

ico bakoresha basukira amashurwe

коса

urukero

плуг

majagu

серп

umuhoro

мотика

isuka

вила

ikinyanyagiza ibitabizo irya n'ino

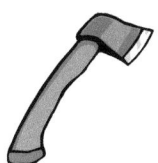

сокира

ishoka

тачка

inkorofani

корито

ubwato

бідон молока

icansi

мішок

umufuko

паркан

urugo

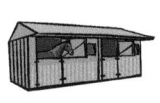

хлів

indaro y' ibitungwa

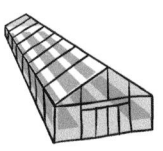

теплиця

utuzu bashusha kugirango ibimera birimwo bikure

ґрунт

isi

насіння

imbuto

добриво

ifumbire

комбайн

imashini yimbura

пожинати

kwimbura

урожай

umwimbu

корінь ямсу

infungugwa bita igname

пшениця

ingano

соя

isoya

картопля

ikiraya

кукурудза

ikigori

ріпак

ubwoko bw' ingano bita colza

плодове дерево

igiti c' ivyamwa

маніок

imyumbati

злаки

ibinyantete

димохід
inzira y' umwotsi

дах
igisenge

водостічний лоток
umureko

вікно
idirisha

гараж
igarage

дзвінок
ikengeri

двері
umuryango

відро для сміття
igiseke c' umucafu

поштова скринька
agasandugu k'amakete

сад
umurima

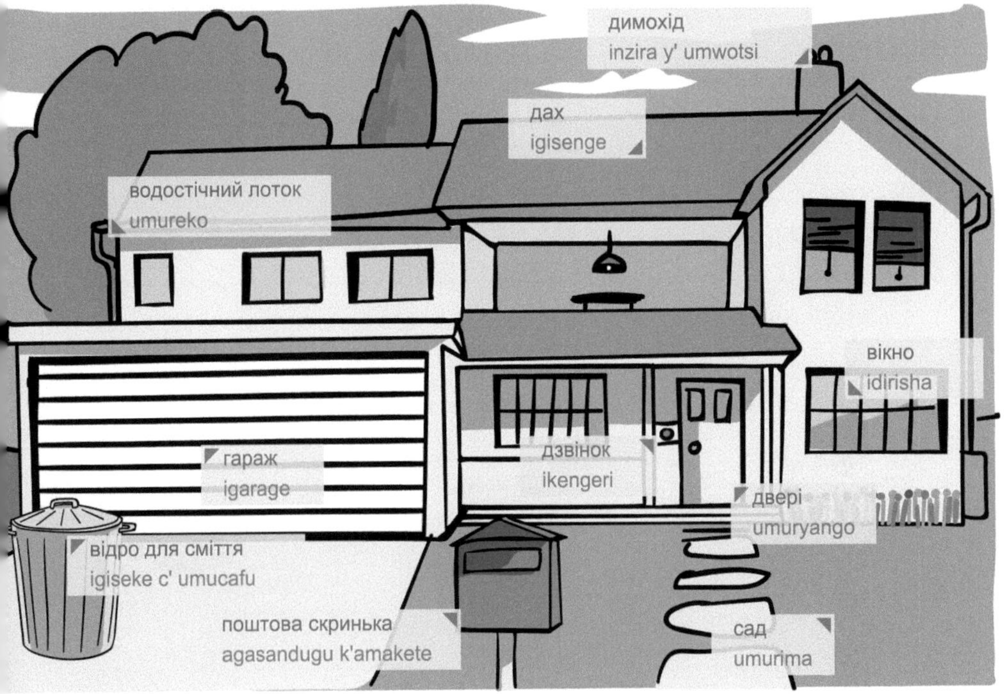

вітальня

isaro

ванна кімната

ubwogero

кухня

igikoni

спальня

icumba co kuraramo

дитяча кімната

icumba c' umwana

їдальня

uburiro

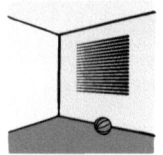

підлога

hasi

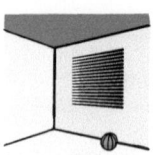

стіна

uruhome

стеля

igisenge c' inzu

підвал

kave

сауна

sauna

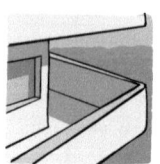

балкон

ibaraza

тераса

ibaraza

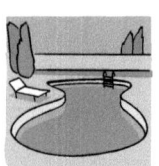

басейн

aho bogera

косарка

itondezi

простирало

igikaratasi

ковдра

uburengeti

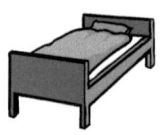

ліжко

uburiri

мітла

umweyerezo

відро

indobo

перемикач

akabuto

вітальня
isaro

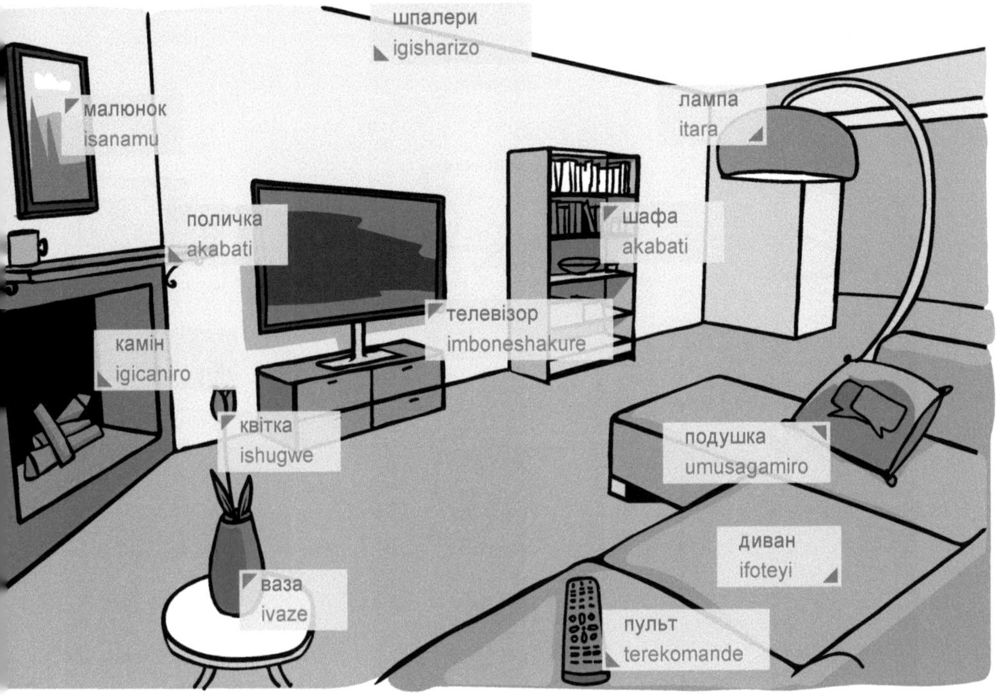
шпалери
igisharizo
малюнок
isanamu
лампа
itara
поличка
akabati
шафа
akabati
телевізор
imboneshakure
камін
igicaniro
квітка
ishugwe
подушка
umusagamiro
диван
ifoteyi
ваза
ivaze
пульт
terekomande

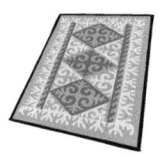

килим

itapi

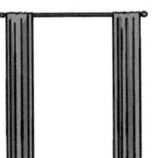

завіса

irido

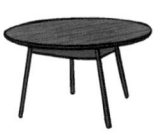

стіл

ameza

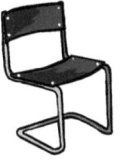

стілець

intebe

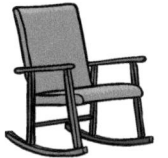

крісло-гойдалка

intebe icundera

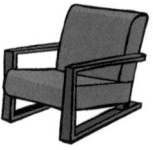

крісло

ifoteyi

книга

igitabo

ковдра

ikirengeti

прикраса

ibitako

дрова

inkwi

фільм

ireresi

стереосистема

ivyuma vy' umuziki

ключ

urufunguruzo

газета

ikinyamakuru

картина

gusiga amarangi

плакат

isanamu nini

радіо

insamirizi

блокнот

ikaye ndangaminsi

пилосос

asipirateri

кактус

icimera bita cactus

свічка

ibuji

кухня
igikoni

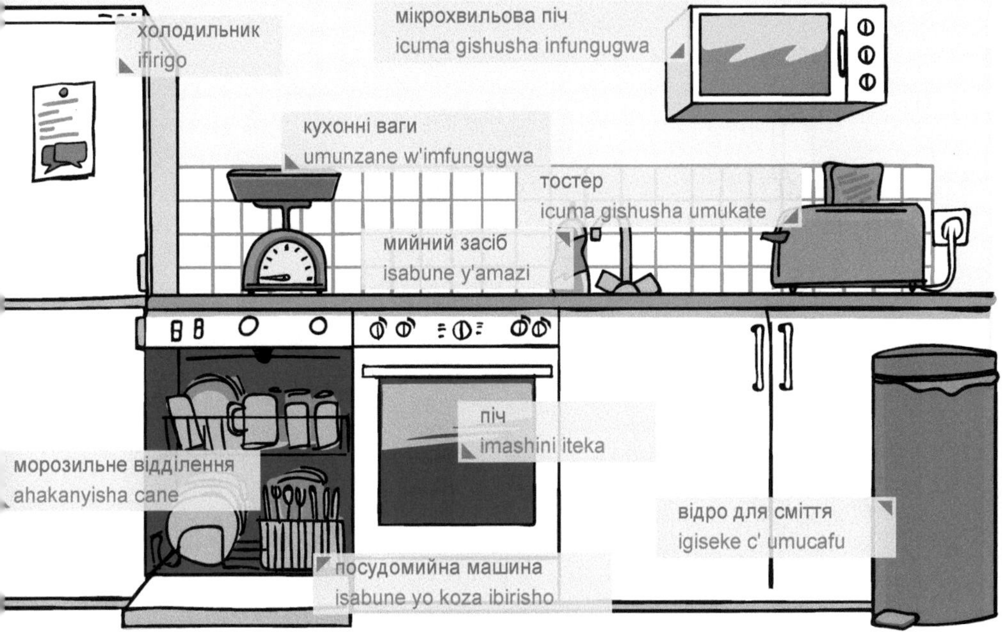
холодильник
ifirigo
мікрохвильова піч
icuma gishusha infungugwa
кухонні ваги
umunzane w'imfungugwa
тостер
icuma gishusha umukate
мийний засіб
isabune y'amazi
піч
imashini iteka
морозильне відділення
ahakanyisha cane
відро для сміття
igiseke c' umucafu
посудомийна машина
isabune yo koza ibirisho

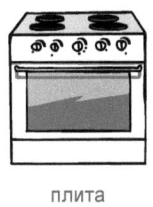

плита

ishiga

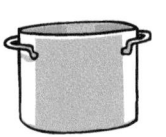

горщик

isafuriya

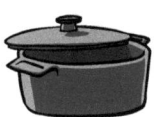

чавунний горщик

isafuriya y' icuma

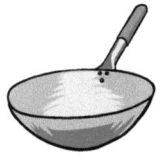

вок / кадай

ipanu bita wok

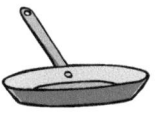

сковорода

ipanu

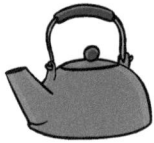

чайник

akuma gashusha amazi

пароварка

isafuriya itekesha umuhisha

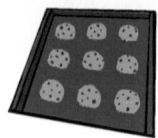

лист

ico bakorerako imikate

посуд

ibirisho

кухоль

igikombe

чаша

ibakure

палички для їжі

uduti two kurisha

черпак

icaruzo c' isupu

лопатка

ikimamiro

вінчик для збивання

agakubitisho

сито

imashini isya ibifungurwa

сито

akayunguruzo

терка

agakatakata imfungugwa

ступка

agasekuro

барбекю

icokerezo

багаття

urucaniro

дошка

rubaho rwo gukatirako

качалка

akabaho bakoresha spageti

штопор

urupfunguzo rw'umuvinyu

конзерва

agasandugu

відкривачка

urupfunguzo
rw'agasandugu

прихватки

ivyo gufatisha isafuriya
ishushe

раковина

icogerezo

щітка

uburoso

губка

ivyogesho

міксер

imigiseri

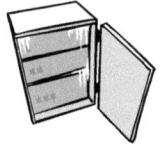

морозильна камера

frigo nini ikanyisha cane

дитяча пляшка

bibero

кран

ivomo

ванна кімната

ubwogero

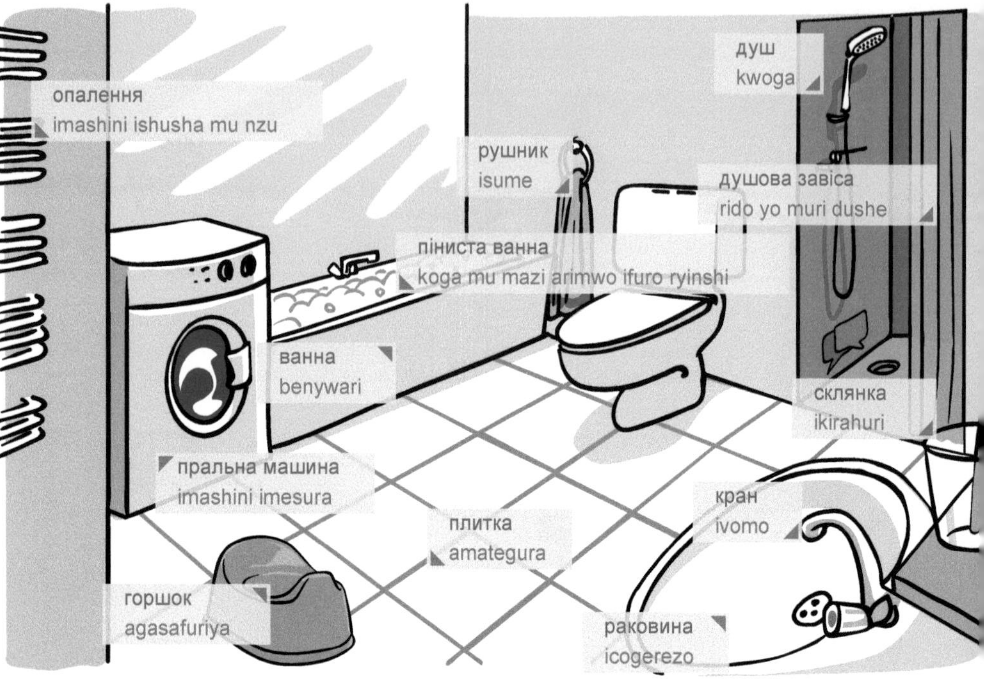

опалення
imashini ishusha mu nzu
рушник
isume
душ
kwoga
душова завіса
rido yo muri dushe
пíниста ванна
koga mu mazi arimwo ifuro ryinshi
ванна
benywari
склянка
ikirahuri
пральна машина
imashini imesura
кран
ivomo
плитка
amategura
горшок
agasafuriya
раковина
icogerezo

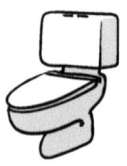

туалет

Akazu ka surwumwe

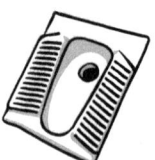

підлоговий туалет

akazu ka surwumwe k'ikirundi

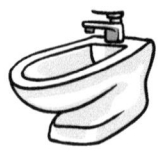

біде

akantu gatoya bogeraho

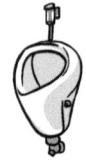

пісуар

aho basoba

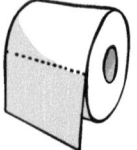

туалетний папір

ibikaratase vyo kwi sukuza mu nzu ya surwumwe

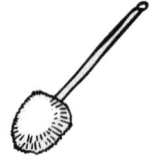

щітка для туалету

uburoso bwoza akazu ka surwumwe

зубна щітка

umujigiti

зубна паста

umuti wo koza amenyo

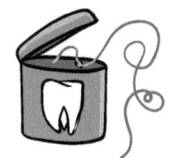

нитка для чищення зубів

utugozi two gusukura amenyo

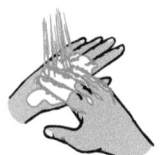

мити

koza

ручний душ

ikinyuko

інтимний душ

ubwoko bwa dushe

таз

co bakarabiramo intoki

щітка для спини

uburoso busukura mu mugongo

мило

isabune

гель для душу

isabuni yo kwoga

шампунь

shampo

мочалка

agatambara ko kwisukura

водостік

umuringoti

крем

amavuta yo kwisiga

дезодорант

iparufe yo mu kwaha

дзеркало

icirore

косметичне дзеркало

icirore

бритва

imashini imwa ubwanwa

піна для гоління

ifuro ryo kumwa ubwanwa

лосьйон після гоління

umuti basiga aho bamoye

гребінь

igisokozo

щітка

uburoso

фен

akuma kumutsa umushatsi

лак для волосся

amavuta bapuriza mu mushatsi

косметика

ibikoresho vyo kwipodora

губна помада

amavuta afise ibara yo k'umunywa

лак для нігтів

verni y'inzara

вата

ipampa

ножиці для нігтів

umukasi uca inzara

парфум

iparufe

косметичка
:asaho k' ivyo kwisukura
ku rugendo

табурет
agatebe

ваги
umunzane

халат
penywari

гумові рукавички
udufuko tw' intoke iyo
bakora isuku

тампон
kotegisi

гігієнічні прокладки
kotegisi

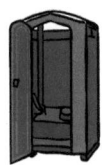

біотуалет
ubwoko bw'akazu ka
surwumwe

дитяча кімната
icumba c' umwana

будильник
isaha ivyura
м'яка іграшка
agakoko k' agapupe
іграшковий автомобіль
ikijuwe c' umuduga
брязкальце
ikijuwe c' ibibondo bita hochet
ляльковий будиночок
inzu badandaza amapupe
подарунок
akaganuke

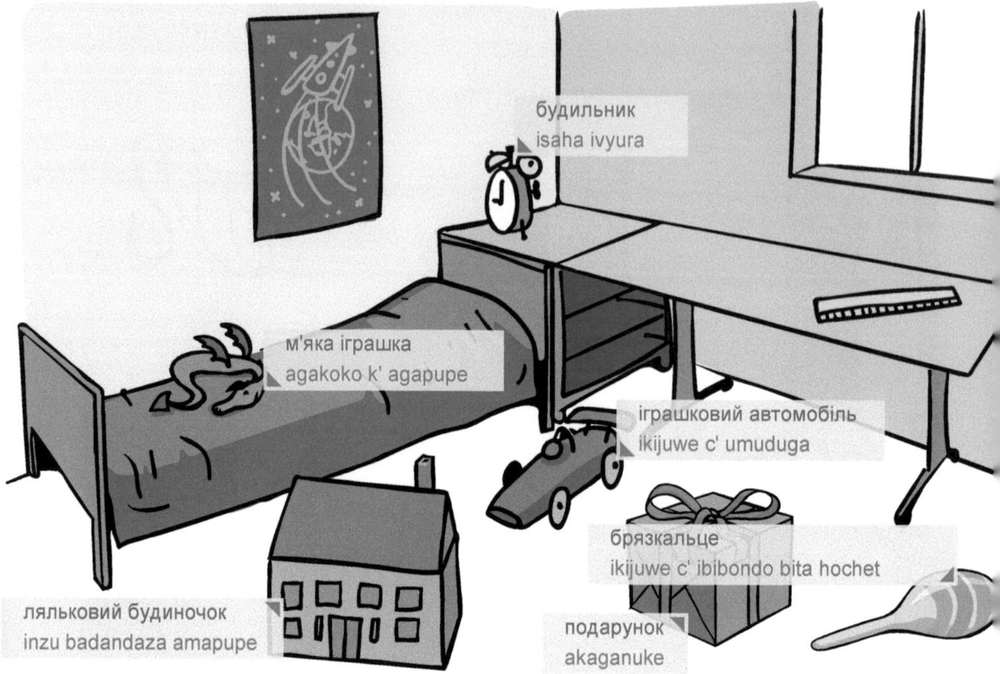

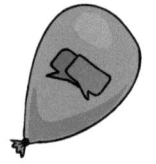

повітряна кулька

igipurizo

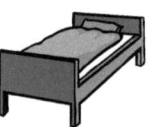

ліжко

uburiri

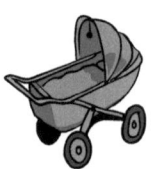

дитячий візок

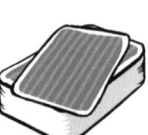

картярська гра

urukino rw' ikarata

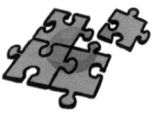

пазл

urukino bita puzile

SUPER
MEGA

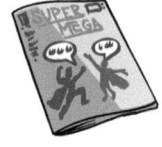

комікс

ibitabo vy' amashusho

лего цеглинки

urukino bita lego

блоки

ibijuwe vyo kubaka

іграшкова фігурка

ipupe

повзунки

impuzu yo kurarana y abana

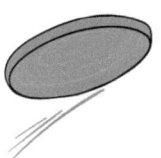

фризбі

urukino bita frisbi

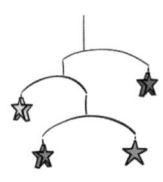

мобіле

udukinisho two ku buriri bw' ibibondo

настільна гра

urukino rwo kumeza

кубик

agakinisho bita de

модель залізнична станція

gari ya moshi z' ibikinisho

соска

madanganya

вечірка

umunsi mukuru

книжка з картинками

igitabo c' ibicapo

м'яч

umupira

лялька

igipupe

грати

gukina

пісочниця

umusenyi abana bakiniramwo

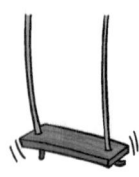

гойдалка

uruvuma

іграшка

ikijuwe

гральна консоль

urukino nyabwonko

триколісний велосипед

ikinga ry'amapine atatu

плюшевий мішка

igikoko bita ours c 'ikijuwe

шафа

akabati k' impuzu

одяг

impuzu

шкарпетки

amashesheti

панчохи

amashesheti maremare

колготки

ubwoko bw'impuzu zifata kandi zigaruka cane

шарф
furari

парасоля
umwumvuri

футболка
agapira kadafise amabok

ремінь
umusipi

домашнє взуття
ibirato vyo mu nzu

чоботи
ibirato biduga kumurundi

кросівки
ibirato vya tenis

сандалі
isandari

взуття
ibirato

гумові чоботи
ingamiya

труси
imwesho

бюстгальтер
isutiye

нижня сорочка
isengeri

одяг - impuzu

боді

impuzu z' imbere

штани

ipantaro

джинси

ijinisi

спідниця

ijipo

блузка

agashati koroshe kabagore

сорочка

ishati

пуловер

umupira w' imbeho

светр

umupira w'imbeho ufise inkofero

піджак

blazeri

куртка

ikoti

пальто

ikoti rirerire

дощовик

ikoti y'imvura

костюм

kositime

сукня

ikanzu

весільна сукня

ikazu y'umugeni

костюм

kositime

нічна сорочка

ikanzu yo kurarana

піжама

impuzu z' ijoro

capi

imvutano z'abahindi

головна хустка

igitambara co mu mutwe

чалма

igitambara co mu mutwe
bita turban

бурка

mpuzu z' abasiramukazi

кафтан

ikanzu bita kaftan

абая

impuzu y' abasiramu

купальник

impuzu yo kogana

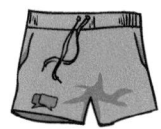

плавки

impuzu yo kwogana
y'abagabo

шорти

imwesho

тренувальний костюм

itereningi

фартух

itaburiya

рукавички

udufuko tw' intoke

гудзик

igifungo

окуляри

amarori

браслет

igikomo

ланцюг

akadede

кільце

impeta

сережка

ihereni

шапка

inkofero

плічка

porutemanto

капелюх

inkofero

краватка

karavate

застібка-блискавка

imashini

шолом

inkofero yo kwikingira

підтяжки

imisipi

шкільна форма

impuzu y' ishure

уніформа

umwambaro rusangi
w'ahantu

нагрудник

wo bambika ibibondo iyo birya

соска

madanganya

підгузок

iranje

сервер
seriveri

шаф для документів
akabati k' ivyangombwa

...пір
...ukaratasi

принтер
empirimante

монітор
ekra

миша
suri

письмовий стіл
ameza yo kwandikirako

папка
ico bashiramwo ivyangombwa

синтезатор
karaviye

...к для паперу
...eke bajugunyamo amakaratasi

стілець
intebe

комп'ютер
nyabwonko

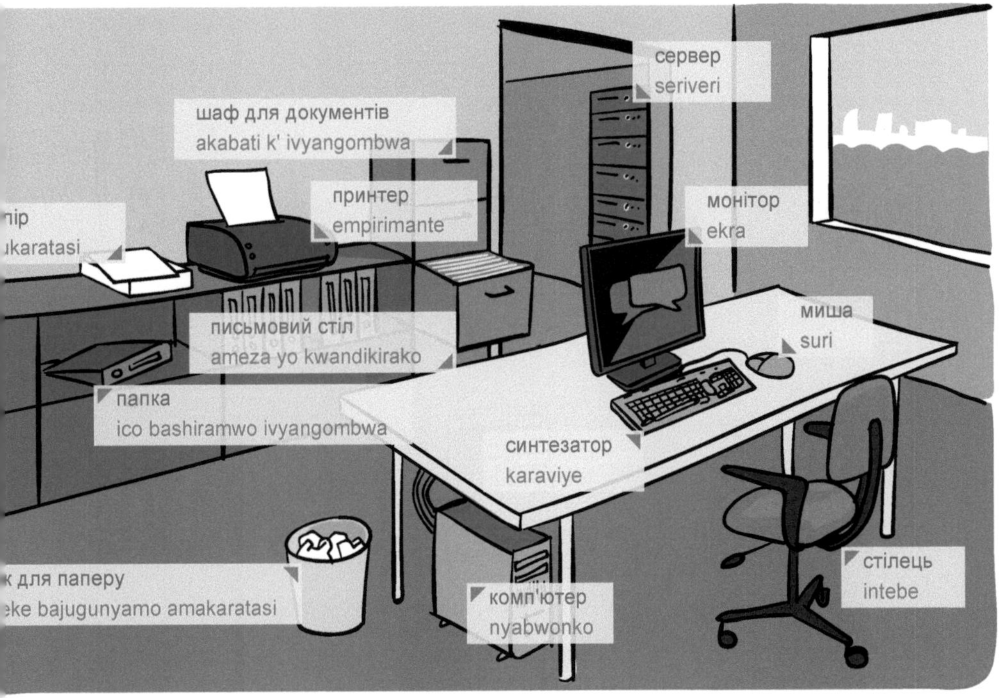

кавовий кухоль

igikombe c' ikawa

калькулятор

imashini iharura

інтернет

ubuhinga ngurukanabumenyi

ноутбук

inyabwonko ngendanwa

лист

ikete

повідомлення

ubutumwa

мобільний телефон

telefoni ngendanwa

мережа

rezo

копіювальний пристрій

fotokopiyeze

програмне забезпечення

rojisiyeri

телефон

telefoni

розетка

purize

факс

fagisi

бланк

urukaratasi rwo kuzuza

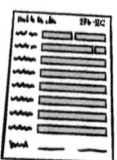

документ

icangombwa

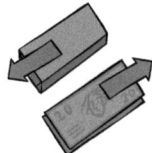

купувати

kugura

платити

kuriha

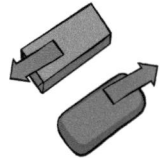

торгувати

kudandaza

гроші

amahera

долар

idorari

євро

iyero

ієна

iyene

рубль

amahera y' abarusiya

франк

amahera y' abasuwisi

юанів женьміньбі

amahera bita renmimbi
yuan

рупія

amahera bita rupi

банкомат

icuma gitanga amahera

обмінний пункт

ku bavunjayi

золото

inzahabu

срібло

umujumbu

нафта

ipeteroli

енергія

inguvu

ціна

ikiguzi

контракт

amasezerano

податок

amakori

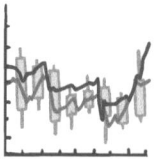

акція

igice

працювати

gukora

працівник

umukozi

роботодавець

umukoresha

фабрика

ihinguriro

магазин

akaduka

поліцейський
umupolisi

пожежник
umukozi ajejwe kuzimya umuriro

повар
umuboyi

лікар
umuganga

пілот
umudereva w' indege

садівник

mukozi akora murikarima

столяр

umubaji

швачка

umushonyi

суддя

umucamanza

хімік

umuhinga mu vya chimie

актор

umukinyi w'amareresi

водій автобуса

umudereva w' ibisi

таксист

umudereva w' itagisi

рибалка

umurovyi

прибиральниця

umuzezwanzukazi

покрівельник

sharupantiye

офіціант

umukozi wo muburiro
n'ubunywero

мисливець

umuhigi

художник

umufundi w' amarangi

пекар

umuntu akora imikate

електрик

umufundi w' amatara

будівельник

umwubatsi

інженер

enjeniyeri

забійник

umuyangayanga

бляхар

umufundi w' amazi

листоноша

umuparanto

солдат

umusoda

архітектор

umuntu acapa inyubako

касир

umuntu yakira amahera

флорист

ukozi ajejwe amashugwe

перукар

kimyozi

кондуктор

kontororeri

механік

umufundi w' imiduga

капітан

umudereva w' ubwato

дантист

umuganga w' amenyo

вчений

muhinga mu vya siyansi

рабин

umuhinga mu bayahudi bita rabi

імам

imame

монах

umuvugiramana

пастор

umuvugiramana

інструменти

ibikoresho vy' ubwubatsi

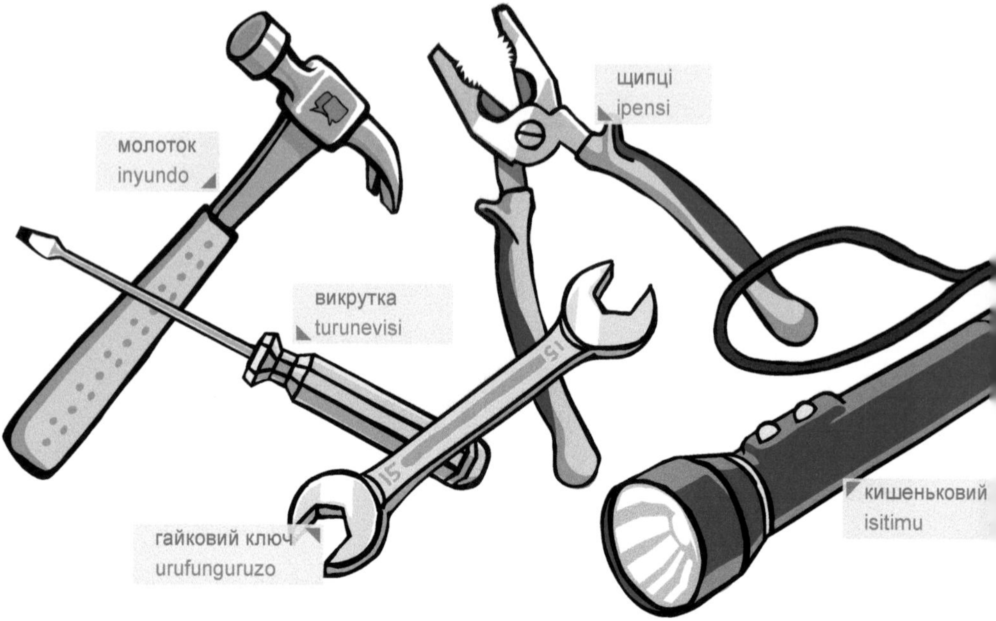

молоток
inyundo
щипці
ipensi
викрутка
turunevisi
гайковий ключ
urufunguruzo
кишеньковий
isitimu

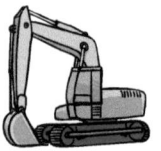

екскаватор

tingatinga

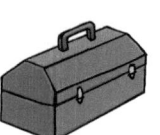

ящик для інструментів

isaho y' ibikoresho

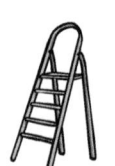

драбина

ingazi

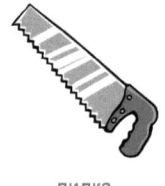

пилка

umusumeno

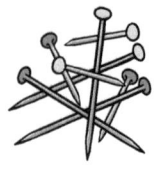

цвяхи

imisumari

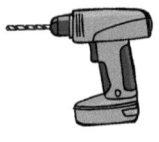

свердло

icuma bita foreuse

ремонтувати

gukora

лопата

igipawa

лайно!

asyi!

совок

agaterura umucafu

відро з фарбою

indobo y' irangi

гвинти

ivis

музичні інструменти
ivyuma vyo gucuraranga

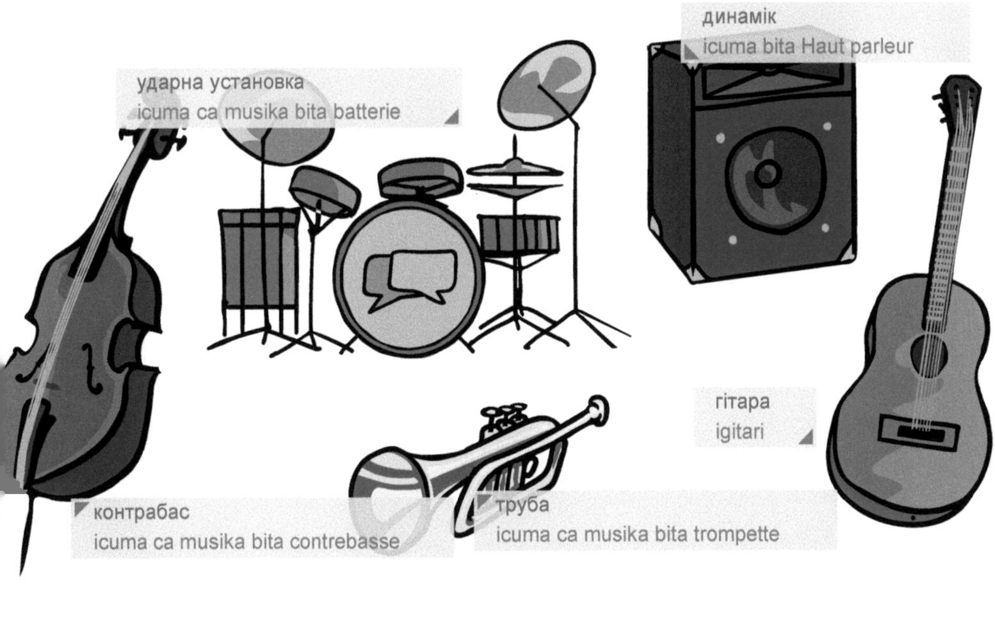

динамік
icuma bita Haut parleur

ударна установка
icuma ca musika bita batterie

гітара
igitari

контрабас
icuma ca musika bita contrebasse

труба
icuma ca musika bita trompette

фортепіано

icuma ca musika bita piano

скрипка

icuma ca musika bita violon

бас

gitare icuranga Bass

литаври

icuma ca musika bita timbale

барабан

ingoma

клавіатура

icuma ca musika bita piano electrique

саксофон

icuma ca musika bita saxophone

флейта

umwirongi

мікрофон

mikoro

зоопарк

iratiro ry' ibikoko

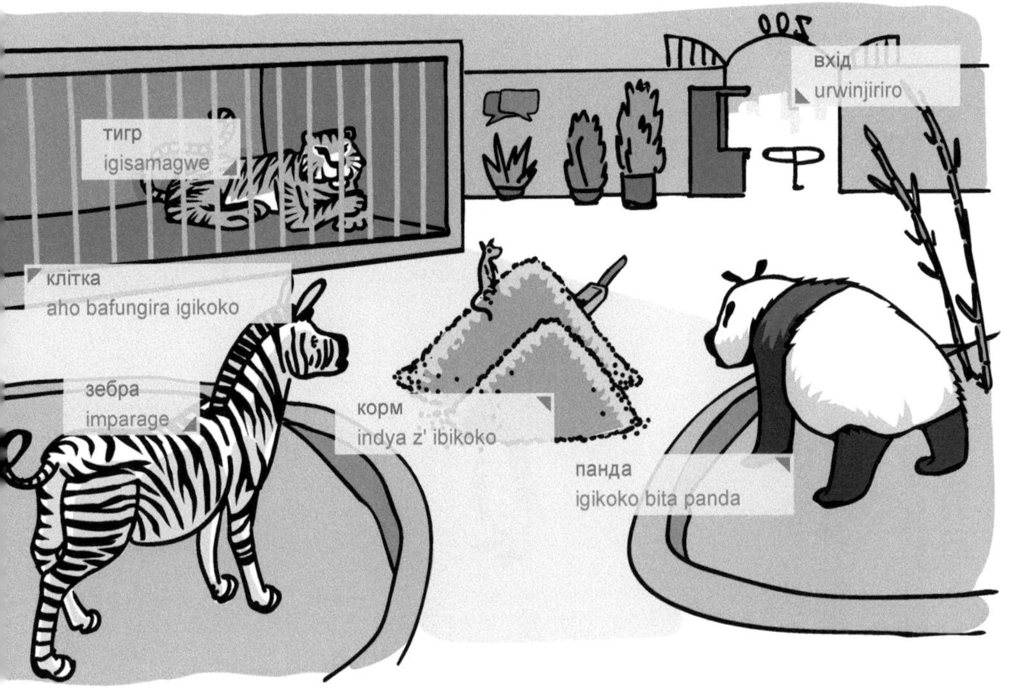

вхід
urwinjiriro
тигр
igisamagwe
клітка
aho bafungira igikoko
зебра
imparage
корм
indya z' ibikoko
панда
igikoko bita panda

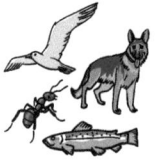

тварини

ibikoko

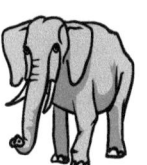

слон

inzovu

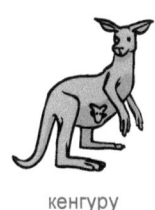

кенгуру

Kanguru

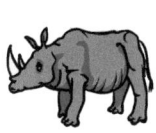

носоріг

igikoko bita Rhynoceros

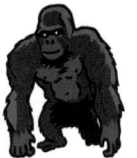

горила

inguge

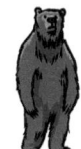

ведмідь

igikoko bita ours

верблюд

ingamiya

страус

inyoni bita autriche

лев

intare

мавпа

inkende

фламінго

inyoni bita flamant rose

папуга

gasuku

білий ведмідь

igikoko bita ours blanc

пінгвін

inyoni bita pinguin

акула

ifi bita requin

павич

inyoni bita paon

змія

inzoka

крокодил

ingona

працівник зоопарку

umurinzi w' iratiro ry' ibikoko

тюлень

igikoko bita phoque

ягуар

igikoko bita jaguar

поні

woko bw' ifarasi bita pony

леопард

ingwe

гіпопотам

imvubu

жираф

umusumbarembo

орел

agaca

кабан

ingurube y' ishamba

риба

ifi

черепаха

akanyamasyo

морж

igikoko bita morse

лисиця

imbwebwe

газель

ingeregere

американський футбол
urukino rwa football yo muri amerika

їзда на велосипеді
ugusiganwa ku makinga

теніс
urukino rwa tennis

баскетбол
urukino rwa basketball

плавання
koga

бокс
urukino rw' ingumu

хокей
urukino rwa ice-hockey

футбол
umupira w'amaguru

бадмінтон
urukino rwa badminton

легка атлетика
ubunonotsi

гандбол
urukino rwa handball

лижні перегони
urukino rwa ski

поло
urukino rwa Polo

дії
imirimo

сміятися
gutwenga
стрибати
gusimba
обіймати
kugumbirana
йти
kugenda
співати
kuririmba
мріяти
kurota
молитися
gusenga
цілувати
gusoma

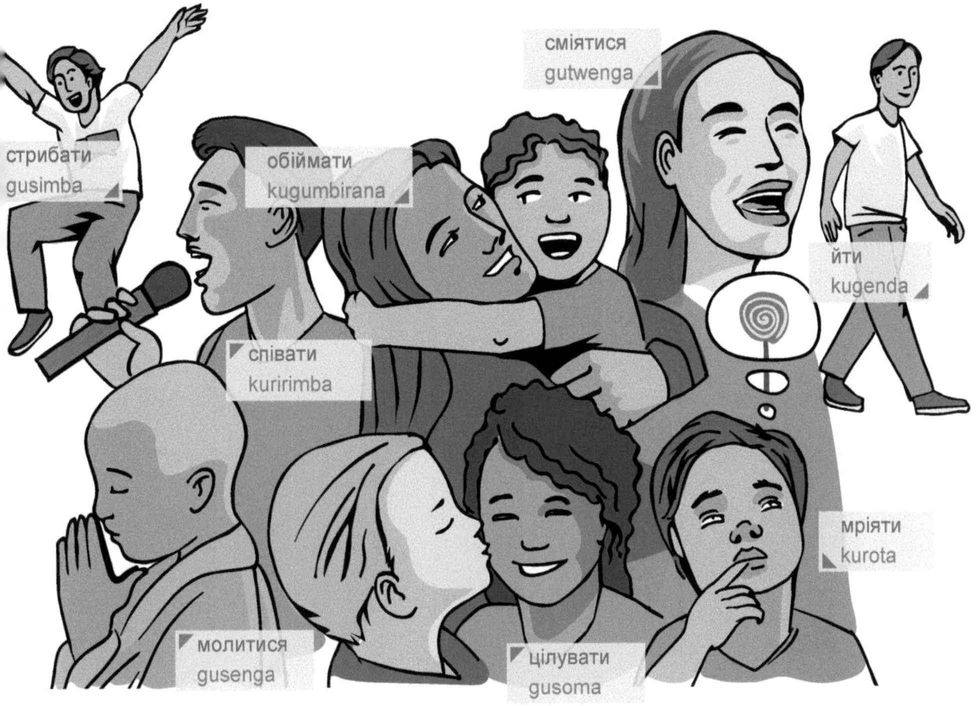

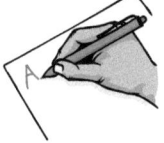

писати

kwandika

малювати

gucapa

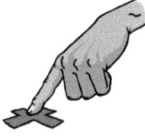

показувати

kwereka

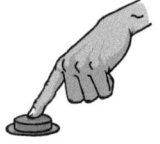

тиснути

gusuguma

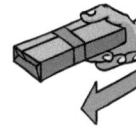

давати

gutanga

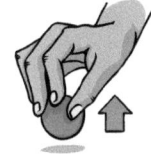

брати

gutora

мати

kugira

робити

kugira

бути

kuba

стояти

guhagarara

бігати

kwiruka

тягнути

gukwega

кидати

guta

падати

gutemba

лежати

kurambarara hasi

очікувати

kurindira

носити

gutwara

сидіти

kwicara

одягати

kwambara

спати

kuryama

просипатися

kuvyuka

дивитися
kuraba

плакати
kurira

гладити
kwagaza

розчісувати
gusokoza

розмовляти
kuvuga

розуміти
gutahura

питати
kubaza

слухати
kumviriza

пити
kunywa

їсти
gufungura

прибирати
gutondeka

любити
gukunda

варити
guteka

їхати
gutwara

літати
kuguruka

дії - imirimo

йти під вітрилом

kugira siporo bita voile

рахувати

guharura

читати

gusoma

вчитися

kwiga

працювати

gukora

одружуватися

kurongora

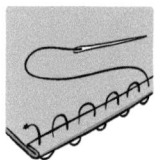

шити

gushona

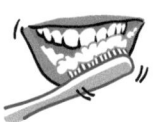

чистити зуби

kwijigitura

убивати

kwica

курити

kunywa itabi

посилати

kurungika

x

сім'я
umuryango

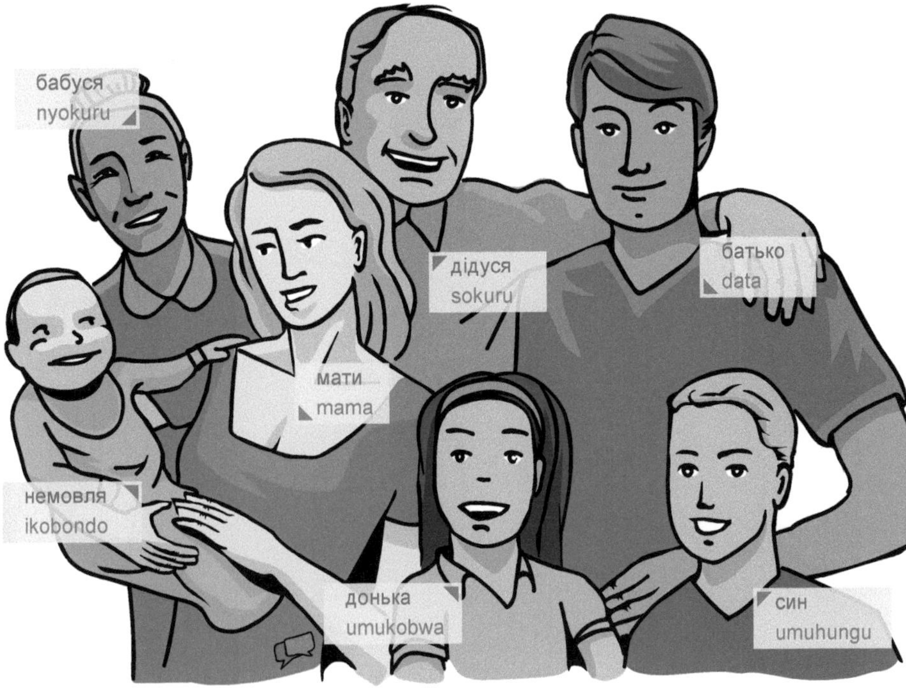

бабуся
nyokuru
дідуся
sokuru
батько
data
мати
mama
немовля
ikobondo
донька
umukobwa
син
umuhungu

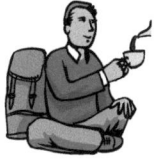

гість
umushitsi

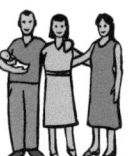

тітка
masenge

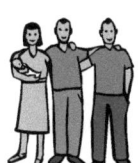

дядько
marume

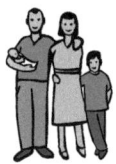

брат
musaza w' umuntu

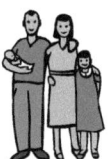

сестра
mushiki w' umuntu

тіло

umubiri

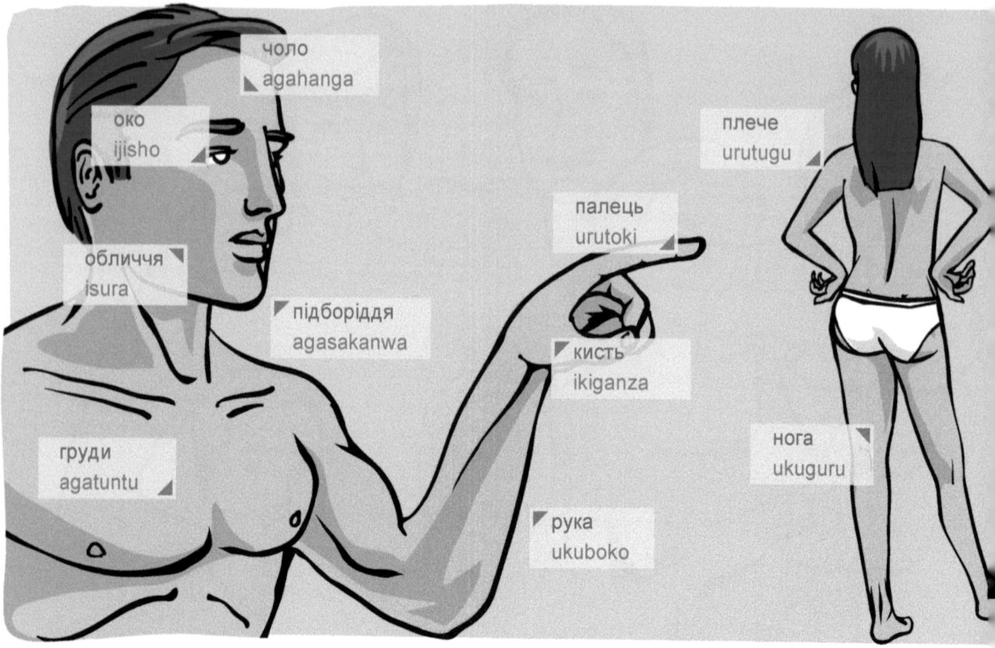

чоло
agahanga
око
ijisho
плече
urutugu
палець
urutoki
обличчя
isura
підборіддя
agasakanwa
кисть
ikiganza
нога
ukuguru
груди
agatuntu
рука
ukuboko

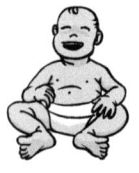

немовля

ikobondo

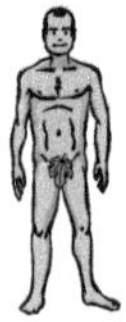

чоловік

umugabo

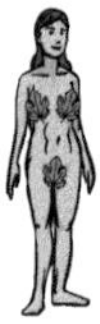

жінка

umugore

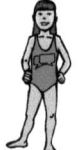

дівчина

umwigeme

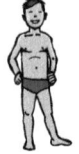

хлопчик

umuhungu

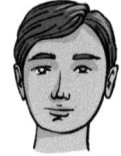

голова

umutwe

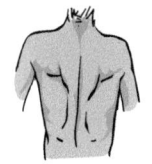

спина

umugongo

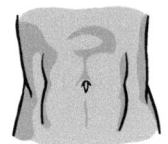

живіт

inda

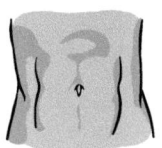

пуп

umukondo

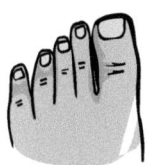

палець ноги

ino

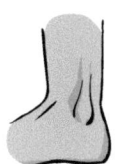

п'ята

agatsintsiri

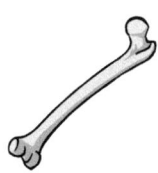

кістка

igufa

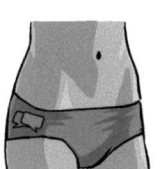

стегно

ku mafyigo

коліно

ivi

лікоть

inkokora

ніс

izuru

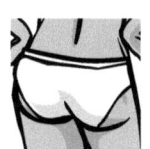

сідниці

igisusu

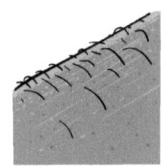

шкіра

urukoba

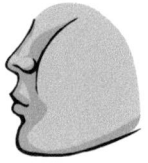

щока

itama

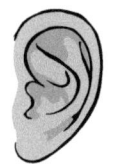

вухо

ugutwi

губа

umunwa

рот

umunwa

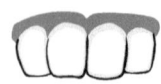

зуб

iryinyo

язик

ururimi

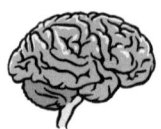

мозок

ubwonko

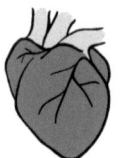

серце

umutima

м'яз

umutsi

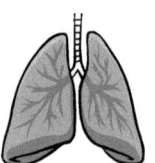

легені

ihaha

печінка

igitigu

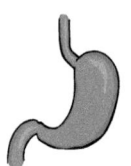

шлунок

umushishito

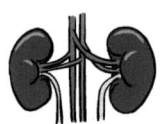

нирки

amafyigo

статевий акт

kurangura amabanga
y'abubatse

презерватив

agapfuko

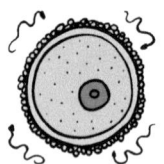

яйцеклітина

imbuto y' umugore

сперма

imbuto y'umugabo

вагітність

imbanyi

тіло - umubiri

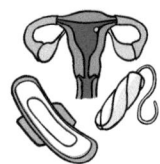

менструація

kuja mu kwezi

вагіна

igituba

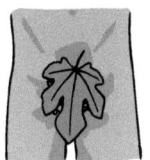

пеніс

imboro

брова

ingohe

волосся

umushatsi

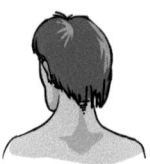

шия

izosi

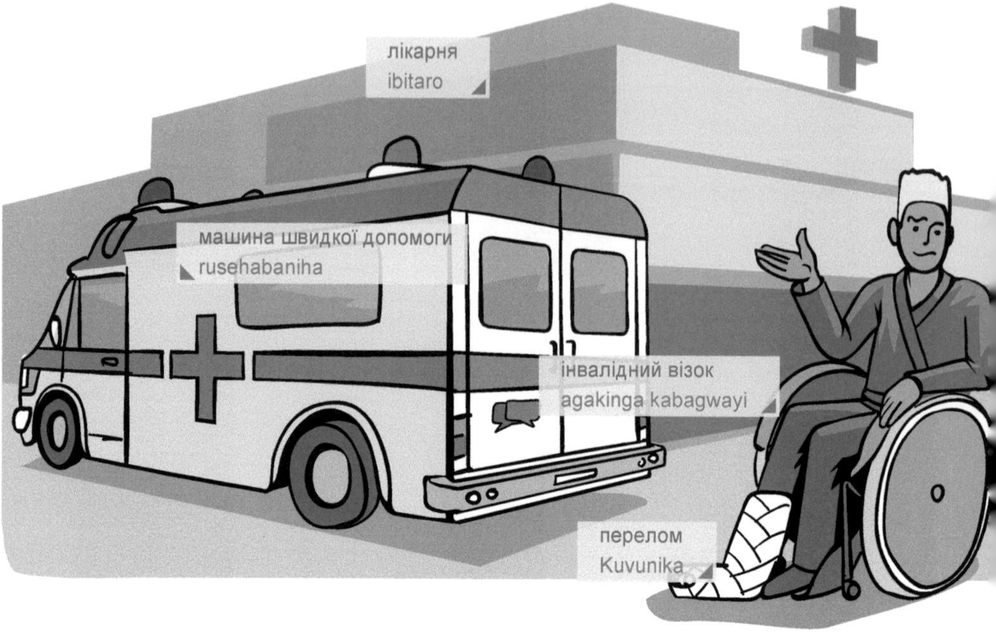

лікарня
ibitaro

машина швидкої допомоги
rusehabaniha

інвалідний візок
agakinga kabagwayi

перелом
Kuvunika

лікар
umuganga

відділення швидкої
медичної допомоги
mundembe

медсестра
umuforomokazi

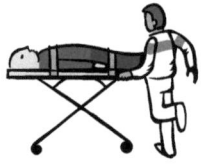

аварійний випадок
irijanse

непритомний
guta ubwenge

біль
ububabare

травма

igikomere

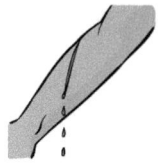

кровотеча

kuva amaraso

інфаркт

uguhagarara k' umutima

інсульт

kuvira indani

алергія

guhurirwa

кашель

inkorora

лихоманка

ubushuhe bw'umubiri

грип

giripe

пронос

gucibwamwo

головна біль

kumeneka umutwe

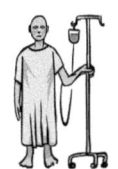

рак

Kanseri

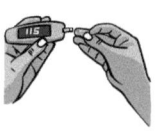

діабет

Diyabeti

хірург

nuganga ajejwe kubaga

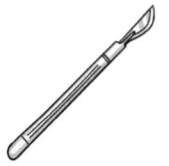

скальпель

akuma ka muganga ubaga

операція

kubagwa

КТ

sikaneri

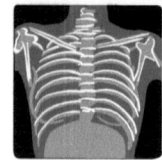

рентген

radiyogarafi

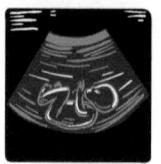

ультразвук

ekogarafi

маска

masike

хвороба

indwara

зал очікування

aho kurindirira

милиця

icishimikizo

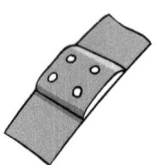

пластир

gufuka igikomere

пов'язка

gufuka igikomere

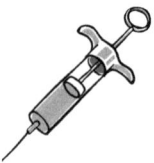

ін'єкція

gutera urushinge

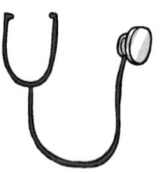

стетоскоп

icuma cumviriza amahaha n'umutima

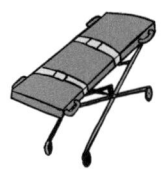

ноші

ingovyi

термометр

igipima umuriro w' umubiri

народження

kuvuka

надмірна вага

umuvyibuho urengeje

слуховий апарат

igifasha umuntu kumva neza

дезінфікуючий засіб

imiti y' ibikomere

інфекція

kwandura

вірус

umugera

ВІЛ / СНІД

umugera wa sida

медицина

ubuvuzi

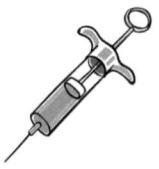

вакцинація

guhabwa urucanco

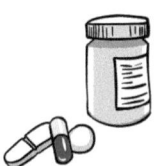

таблетки

ibinini

протизаплідна пігулка

ikinini mbonezamvyaro

екстрений виклик

telefone itabaza

тонометр

igipima umuvuduko w' amaraso

хворий / здоровий

arwaye / akomeye

Допоможіть!

muntabare!

сигнал тривоги

ikengere

напад

igitero

атака

igitero

небезпека

ibihe bikomeye

аварійний вихід

icanzo

Вогонь!

umuriro!

вогнегасник

ikizimyamwoto

аварія

isanganya

аптечка

isanduku y' ubutabazi

COC

ubutabazi

поліція

igipolisi

Європа

Buraya

Північна Америка

Uburaruko bw' amerika

Південна Америка

Ubumanuko bw' amerika

Африка

Afurika

Азія

Aziya

Австралія

Ositarariya

Атлантика

ibahari y' Antalantika

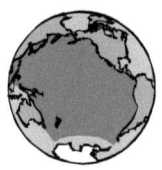

Тихий океан

ibahari ya Pasifika

Індійський океан

ibahari y' Ubuhinde

Антарктичний океан

ibahari y' Antaragitika

Північний Льодовитий
океан

ibahari y' Aragitika

Північний полюс

Uburaruko bw' umubumbe
w' isi

Південний полюс

Ubumanuko bw' umubumbe
w' isi

Антарктика

antaragitika

Земля

isi

суша

isi

море

ibahari

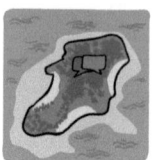

острів

izinga

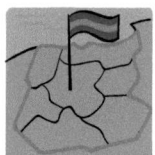

нація

igihugu

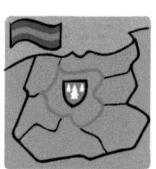

держава

reta

циферблат

aho barabira isaha

годинникова стрілка

urushinge rw' amasaha

хвилинна стрілка

urushinge rw' iminota

секундна стрілка

ushinge rw' amasegonda

Котра година?

ni gihe ki?

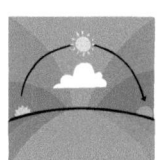

день

umunsi

час

igihe

зараз

ubu nyene

цифровий годинник

isaha ya electronique

хвилина

umunota

година

isaha

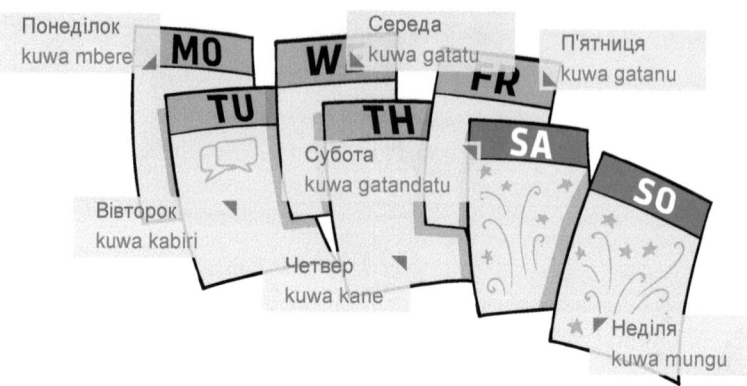

Понеділок
kuwa mbere

Середа
kuwa gatatu

П'ятниця
kuwa gatanu

Субота
kuwa gatandatu

Вівторок
kuwa kabiri

Четвер
kuwa kane

Неділя
kuwa mungu

вчора

ejo haheze

сьогодні

ubunyene

завтра

ejo hazoza

ранок

mu gatondo

опівдні

sasita

вечір

ku mugoroba

робочі дні

iminsi y' ibikorwa

кінець робочого тижня

weekende

рік

umwaka

дощ
imvura
веселка
umunywamazi
вітер
umuyaga
сніг
urubura
весна
igihe c' umwaka bita printemps
осінь
igihe c' umwaka bita Automne
літо
ici
зима
igihe c' umwaka bita hiver

4.APRIL 11°
5.APRIL 4°
6.APRIL 13°
7.APRIL 8°
8.APRIL 10°

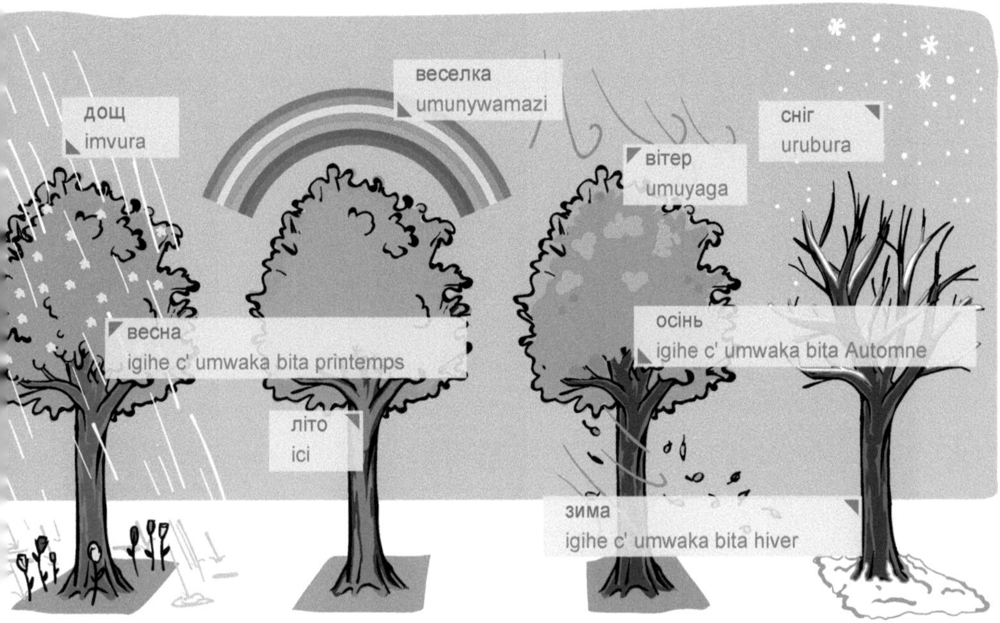

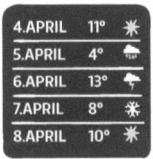

прогноз погоди

ikirangabihe

F C
120 90 60 30 0 -30
40 30 20 10 0 -10 -20

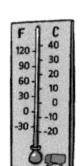

термометр

igipima ubushuhe bw' umubiri

сонячне світло

ubuseruko bw' izuba

хмара

igicu

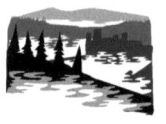

туман

igipfungu

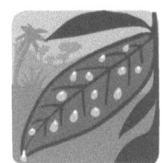

вологість повітря

ifira

блискавка

umuravyo

грім

inkuba

шторм

igihuhusi

град

urubura

мусон

igihuhusi bita mousson

повінь

umwuzure

лід

ibarafu

Січень

nzero

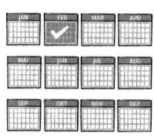

Лютий

ruhuhuma

Березень

ntwarante

Квітень

ndamukiza

Травень

rusama

Червень

ruhenshi

Липень

mukakaro

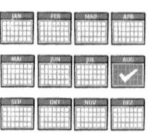

Серпень

myandagaro

Вересень

nyakanga

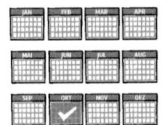

Жовтень

gitugutu

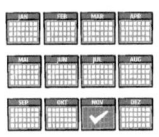

Листопад

munyonyo

Грудень

migarama

форми
forume geometrike

круг

umuzingi

квадрат

ikwadarato

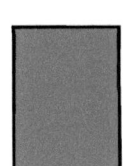

прямокутник

urikiramende

трикутник

inyabutatu

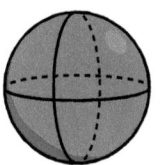

куля

umubumbe

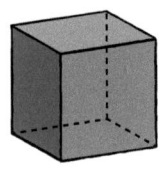

куб

agasandugu

білий

ibara ryera

жовтий

ibara ry' umuhondo

помаранчевий

ibara risa n' umucungwe

рожевий

ibara rya rose

червоний

ibara ritukura

фіолетовий

ibara rya mauve

синій

ibara ry' ubururu

зелений

ibara ry'icatsi kibisi

коричневий

ibara ry' igihogo

сірий

ibara rya gris

чорний

ibara ryirabura

багато / мало

vyinshi / bikeyi

лютий / мирний

washavuye / utekereje

гарний / бридкий

mwiza / mubi

початок / кінець

intanguriro / iherezo

великий / малий

kinini / gitoyi

світлий / темний

gikeye / cijimye

брат / сестра

saza w' umuntu / mushiki w' umuntu

чистий / брудний

gisukuye / gicafuye

завершений / незавершений

gikwiye / gicagatiye

день / ніч

umunsi / ijoro

мертвий / живий

wapfuye / ariho

широкий / вузький

cagutse / caga

їстівний / неїстівний

kiryoshe / kibishe

злий / дружній

umutima mubi / umutima mwiza

збуджений / нудьгуючий

anezerewe / arambiwe

товстий / тонкий

kivyibushe / conze

спочатку / востаннє

cambere / canyuma

друг / ворог

umugenzi / umwansi

повний / порожній

cuzuye / kiri gusa

жорсткий / м'який

kigumye / coroshe

важкий / легкий

kiremereye / gihwahutse

голод / спрага

inzara / inyota

хворий / здоровий

arwaye / akomeye

незаконний / законний

cemewe n'amategeko / kitemewe n'amategeko

розумний / дурний

incabwenge / ikijuju

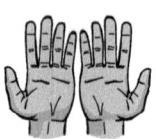

вліво / вправо

ibubamfu / iburyo

поруч / далеко

hafi / kure

новий / використаний

gishasha / gishaje

нічого / щось

ntaco / kiriho

старий / молодий

umutama / urwaruka

вкл / викл

kwatsa / kuzimya

відкрито / закрито

kugurura / kugara

тихо / гучно

gitekereje / gifise urwamo

багатий / бідний

umutunzi / umukene

правильно / неправильно

nivyo / sivyo

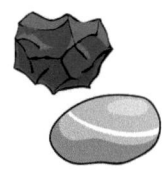

шорсткий / гладкий

kigoramye / kigororotse

сумний / щасливий

ashavuye / anezerewe

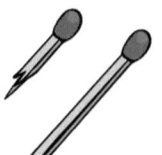

короткий / довгий

kigufi / kirekire

повільно / швидко

kigenda bukebuke /
kinyaruka

вологий / сухий

gitose / cumye

гарячий / холодний

gishushe buhoro / gikanye
buhoro

війна / мир

intambara / amahoro

0

нуль

ubusa

1

один

rimwe

2

два

kabiri

3

три

gatatu

4

чотири

kane

5

п'ять

gatanu

6

шість

gatandatu

7

сім

indwi

8

вісім

umunani

9

дев'ять

icenda

10

десять

cumi

11

одинадцять

cumi na rimwe

12
дванадцять
cumi na kabiri

13
тринадцять
cumi na gatatu

14
чотирнадцять
cumi na kane

15
п'ятнадцять
cumi na gatanu

16
шістнадцять
cumi na gatandatu

17
сімнадцять
cumi n' indwi

18
вісімнадцять
cumi n' umunani

19
дев'ятнадцять
cumi n' icenda

20
двадцять
mirongo ibiri

100
сто
ijana

1.000
тисяча
igihumbi

1.000.000
мільйон
umuriyoni

англійська

Icongereza

американська англійська

Icongereza co muri Amerika

китайська
високочиновницька

Mandare kivugwa mu
bushinwa

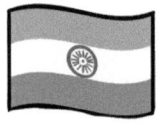

хінді

Igihinde

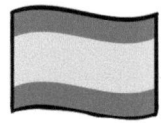

іспанська

Ikispaniya

французька

Igifaransa

арабська

Icarabu

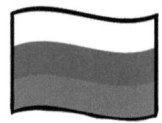

російська

Ikirusiya

португальська

Igiporitigare

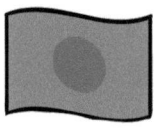

бенгальська

Ikibengare

німецька

Ikidage

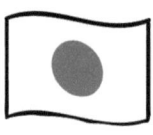

японська

Ikiyapani

я

jewe

ти

wewe

він / вона / воно

we / we / co

ми

twebwe

ви

mwebwe

вони

bo

хто?

inde?

що?

iki?

як?

gute?

де?

hehe?

коли?

ryari?

ім'я

izina

де
hehe?

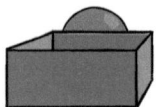

ззаду

inyuma ya

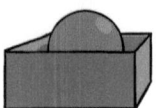

в

indani ya

перед

imbere ya

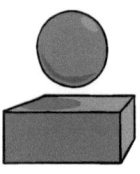

над

hejuru ya

на

ku

під

munsi ya

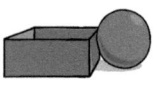

біля

mu mbavu ya

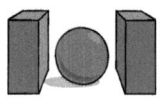

між

hagati ya

місце

ikibanza